L b 1792.

OBSERVATIONS

SUR LES

FORTIFICATIONS

DE PARIS,

PAR LE G.ᵃˡ MATHIEU DUMAS,

PAIR DE FRANCE, ANCIEN MEMBRE DE LA COMMISSION DE DÉFENSE DU ROYAUME.

AVRIL 1833.

A PARIS,

CHEZ ANSELIN SUCCESSEUR DE MAGIMEL,

LIBRAIRE POUR L'ART MILITAIRE,

RUE DAUPHINE, Nº 9.

1833.

OBSERVATIONS

SUR LE PROJET DE LOI RELATIF

AUX

FORTIFICATIONS DE PARIS,

PAR LE Gal MATHIEU DUMAS,

PAIR DE FRANCE, ANCIEN MEMBRE DE LA COMMISSION
DE DÉFENSE DU ROYAUME.

« ...En voilà assez pour faire concevoir l'idée qu'on
doit avoir de la grandeur et conséquence de Paris par
rapport à la guerre. C'est à ceux qui aimeront véri-
tablement le roi et l'état, et qui se trouveront en
situation convenable pour le pouvoir proposer, d'examiner à fond cette proposition, et si, après l'avoir
bien examinée, on la trouve digne d'une sérieuse attention, de lui donner toute l'étendue qu'elle mé-
rite. »

(Mémoire inédit du maréchal de Vauban.)

Nous sommes, en effet, dans la situation convenable que souhaitait et qu'avait pressentie le
génie de Vauban : une longue paix dont les intérêts de toutes les puissances semblent nous as-

surer la durée, nous permet de porter le matériel de la défense du royaume jusqu'à ce complément de force dont ce grand homme avait posé les fondements. Une dure, mais salutaire expérience, n'a que trop bien justifié sa prévoyance, et nous pouvons dire avec lui : *En voilà assez pour faire concevoir l'idée qu'on doit avoir de la grandeur et conséquence de Paris par rapport à la guerre.* Nous croyons donc que cette question politique et militaire, *Paris doit-il être fortifié?* est aujourd'hui résolue pour tous les bons esprits, comme elle le fut, il y a un siècle et demi, dans la pensée du maréchal de Vauban; et c'est rendre un juste et digne hommage à sa mémoire, que de s'appuyer unanimement d'une telle autorité, pour achever de dissiper les craintes et les préjugés par lesquels des vues étroites ou le funeste esprit de parti essaient de corrompre l'opinion publique sur ce grave sujet, et de la détourner du plus grand intérêt national.

M. le maréchal Gouvion St.-Cyr forma, en 1818, une commission qui fut chargée d'examiner les moyens et de déterminer le meilleur système de défense du royaume : la question qui s'agite aujourd'hui y fut vivement controversée, et résolue à l'unanimité quant à la nécessité de fortifier la capitale, et à la grande majorité quant au système préféré aujourd'hui par le gouvernement, celui des forts détachés.

J'ai cru qu'il était de mon devoir d'apporter dans cette discussion le faible tribut de mes lumières, et de faire connaître l'opinion que j'ai toujours professée sur cet important objet. Cette opinion, je l'ai consignée il y a déja plusieurs années dans les mémoires que j'ai publiés sous le titre de *Précis des événements militaires* : je ne saurais donc la faire connaître d'une manière plus authentique et plus sincère, qu'en transcrivant ici le passage qui se trouve au quatorzième volume, page 37, de cet ouvrage.

Dans la relation de la campagne d'Austerlitz, après avoir rendu compte des événements qui amenèrent l'entrée de l'armée française à Vienne, j'ajoutais :

« Cette paisible occupation de la capitale d'un
« grand état fut une expérience funeste pour les

« nations européennes ; elle prouva que ce point
« central, où affluent toutes les richesses, où la
« civilisation est portée au plus haut degré, est
« aussi, le point le plus vulnérable. Offrît-il par la
« force de position et l'abondance des ressources,
« les plus sûrs moyens de défense, on n'oserait
« y renfermer l'armée déja battue, et l'on ne sau-
« rait y employer la masse de la population avec
« l'ordre et la constance nécessaires. Les intérêts
« privés luttent, de concert avec l'ennemi, contre
« celui de la commune défense ; chaque individu
« fait d'avance sa capitulation particulière, et se
« résigne, comme dans une affaire de commerce,
« à la nécessité de sacrifices partiels pour n'être
« pas troublé dans ses jouissances ; et cependant
« la machine des gouvernements, à cause des ins-
« titutions fiscales, est tellement compliquée, l'ad-
« ministration est tellement centralisée, que la
« capitale est presque l'état tout entier, et par le
« fait, et par l'influence morale. Faut-il l'abandon-
« ner, faut-il la défendre ? Quoiqu'on ne puisse
« résoudre cette question d'une manière positive
« et applicable à la diversité des circonstances et
« aux différentes localités, il est au moins cer-
« tain, il est également vrai pour tous les états,

« de quelque nature que soient leurs frontières,
« que leur système général de défense doit être,
« comme celui des communications, relatif et con-
« vergent à leur capitale : c'est pour couvrir le
« siége de la vie, que l'armure, légère aux extré-
« mités, est plus forte auprès du cœur. Il faut
« que l'ennemi, dans la guerre d'invasion (il ne
« s'en fera presque plus d'autres), trouve, à me-
« sure qu'il s'approche de la capitale, de plus
« grands obstacles que ceux qu'il aurait déja sur-
« montés. Quant à la défense propre d'une très-
« grande ville, siége du gouvernement, nous ne
« pensons pas qu'elle doive être circonscrite et
« déterminée comme celle d'une place de guerre,
« par une combinaison de divers points de forti-
« fications contigus. L'ennemi sera bien plus sû-
« rement arrêté par des forts détachés servant de
« points d'appui à l'armée retirée sous leur pro-
« tection : il ne pourra les bloquer tous à la fois ;
« et n'osant s'engager entre leurs feux, il se con-
« sumera peut-être à les réduire successivement,
« et perdra toute sa force d'impulsion avant d'at-
« teindre son but.

« Cette question intéressante, que nous avons

« succinctement examinée dans une des notes d'un
« volume de cet ouvrage (tome VI, page 390),
« mériterait d'être approfondie et traitée dans ses
« applications aux différentes capitales de l'Europe,
« en considérant leur position par rapport aux
« frontières respectives des états limitrophes et
« aux lignes d'opération que suivraient le plus
« vraisemblablement les armées. L'invasion rapide
« des provinces d'Autriche, et la facile conquête
« de Vienne, ont rappelé d'autant plus à propos
« nos observations, que cette résidence était une
« ancienne forteresse; c'était les mêmes remparts
« que les habitants de Vienne avaient, sous la
« conduite de l'intrépide Stahremberg, défendus
« contre la fureur de deux cent mille Turcs. On
« avait soigneusement entretenu ces immenses
« bastions, sur les ruines desquels le roi Jean
« Sobiesky, la terreur des Ottomans, fit son entrée
« triomphale, après les avoir mis en fuite et fait
« lever le siége. Mais les Français n'inspiraient pas
« la même terreur que les Barbares; Napoléon ne se
« serait pas arrêté devant des murailles; il eût passé
« au-dessus de la ville, l'aurait bloquée, affamée;
« et quand même un autre Stahremberg eût pu
« faire, comme lui, incendier les faubourgs,

« devenus plus considérables que la ville même,
« il n'eût pas moins été, dans peu de jours, ré-
« duit à capituler ; que si le général Mack et le
« prince Ferdinand se fussent à temps retirés sur
« l'Inn, et que même, après y avoir été battus,
« ralliés avec l'armée de Kutusow, ils eussent
« trouvé sur les hauteurs qui enceignent la plaine
« de Vienne, des points d'appui, une position
« fortement retranchée, tous les défilés entravés,
« toutes les ressources des arsenaux de Vienne
« pour hérisser d'artillerie ces fortifications natu-
« relles, et armer la population ; on peut croire
« qu'ils auraient pu sauver la capitale, gagner du
« temps, et fait changer le sort des armes. Cette
« hypothèse est une des applications du système
« de défense successive par rapport aux capitales ;
« mais comme les auteurs du plan de campagne
« purement offensif, n'avaient rien prévu pour
« un cas dont ils n'admettaient pas même la vrai-
« semblance, Vienne, la place d'armes, le prin-
« cipal dépôt, le grand et seul arsenal de l'empire
« autrichien, tomba sans défense dans les mains
« de Napoléon... »

Tous ceux qui ont traité cette grande question,

s'accordent à la considérer sous les trois rapports, politique, militaire et financier. Sous le rapport politique, la question doit être exprimée ainsi : La défense générale d'un grand état exige-t-elle que la capitale soit fortifiée? Sous le rapport militaire, il faut examiner quel est le système de fortification le plus propre à faire échouer les entreprises de l'ennemi dans une guerre d'invasion, dont le but est la conquête de la capitale; et quel est, entre ces systèmes, celui qui ménagera le plus les forces et garantira le mieux les libertés et les propriétés de la population. Enfin, sous le rapport financier, il faut se demander si le résultat de la dépense compensera le sacrifice que la nation doit faire à sa propre sûreté.

Il paraît presque superflu de rappeler ici, même sommairement, les motifs qui ont fait reconnaître l'utilité, disons mieux, la nécessité de fortifier les capitales : il n'y a presque plus de dissentiment sur ce point entre les militaires éclairés des différentes armes, juges compétents de la matière, qui en ont fait l'objet de leurs études et de leurs plus profondes recherches. Toutefois, comme il est de l'essence des gouvernements représentatifs, lorsqu'il s'agit d'une innovation qui touche aux plus grands intérêts de la nation, de s'appuyer sur la saine opinion publique, il est utile et juste de la pressentir, et par conséquent de la bien informer. Il faut, par un exposé consciencieux, la prémunir contre les insinuations de l'esprit de parti qui dénature les plus simples vérités, et qui, se parant d'un faux zèle pour les intérêts indivi-duels, abuse de la publicité des débats pour mul-tiplier les obstacles au bien général, et, pour le succès de l'intrigue d'un jour, compromet l'ave-nir. Disons donc à nos concitoyens qu'il ne s'agit de rien moins que de la plus solide garantie de nos libertés et de notre indépendance. Hé quoi ! diront quelques uns, sommes-nous donc menacés d'une prochaine invasion de Barbares ? faut-il que nous soyons toujours et partout les armes à la main ? ne pouvons-nous dormir qu'à l'abri des remparts ? et cette haute civilisation européenne dont vous vantez les progrès, et dont vous voulez que nous soyons le parfait modèle, n'est-elle donc plus un gage suffisant de sécurité ?... J'oserai ré-pondre : C'est précisément pour conserver ce que vous avez conquis au prix de tant de sacrifices qu'il faut rendre intangible, dans toutes les sup-

positions, le point central où se trouvent néces-
sairement réunis, sinon tous les éléments de nos
forces vitales, au moins la plus pure substance
de votre existence politique; et ce point central,
sachez-le bien, est, de tous ceux de notre terri-
toire, le plus vulnérable. Faut-il vous rappeler
votre propre histoire, l'histoire contemporaine ?
Les circonstances et les événements au milieu
desquels nous avons vécu ont-ils été moins chan-
geants, moins variables que les vents et les flots ?
Toutes les puissances de l'Europe sont, comme la
France, formidablement armées; il n'y a que des
peuples de soldats; tous demandent la paix, en
forgeant à l'envi de nouveaux moyens de s'en-
tre-détruire; et quand nous voyons le moindre
incident répandre avec la rapidité de l'éclair, d'un
bout de l'Europe à l'autre, la terreur d'une con-
flagration générale qu'excitent au fond des cabi-
nets des passions exaspérées, peut-on compter
sur l'avenir ? Le repos des nations du continent
d'Europe, l'équilibre si vanté, l'idéal de la politique, serait peut-être plus assuré par ce système
de défense centralisée, et par la précaution de
fermer et fortifier les capitales, que par ce con-
tinuel accroissement de forces militaires, et leur
chimérique balancement.

Confiants dans l'immensité de nos ressources, dans le courage et le dévouement de notre population, nous allons donner à l'Europe un généreux exemple de modération, nous allons réduire au pied de paix l'effectif de notre armée permanente; mais nous ne saurions être assez imprudents pour désarmer sans compléter nos moyens matériels de défense, et ce complément, c'est la fortification de la position de Paris.

Si la question politique est ainsi affirmativement résolue, il en est autrement de la question militaire. Entre les deux systèmes soutenus par une savante polémique, éclairé par les avis successifs des commissions ou comités consultés à cet effet depuis plusieurs années, le gouvernement s'est prononcé pour celui des deux systèmes qui lui a paru le plus propre à remplir toutes les conditions du problème de la meilleure défense : il a adopté le système de l'occupation de la position militaire de Paris par des forts permanents et détachés (1). Ce choix rencontre une opposi-

(1) Avis de la commission de défense du royaume, dans sa séance du 18 juillet 1820. (Cette commission était com-

tion très-active : les dissidents, constamment en minorité dans les diverses commissions consultées, persistent à soutenir que le problème ne peut être résolu que par la construction d'un corps de

posée des lieutenants généraux Marescot, président, Andréossy, Mathieu Dumas, Valée, Ruty, Guilleminot, Chambarliac, Maureillan, Dodde , et des maréchaux de camp Saint-Cyr-Nugues et Pellet.)

« La commission reconnaît (à une grande majorité) la né-
« cessité de mettre Paris en état de défense, sans admettre
« cependant que cette ville doive être défendue comme une
« place ordinaire, renfermée dans une enceinte continue.

« Elle est d'avis que Paris doit être couvert par des ouvra-
« ges détachés établis sur quelques-uns des points dominants
« qui l'environnent, lesquels, combinés avec l'enceinte conti-
« nue déja existante, et que l'on pourrait renforcer au mo-
« ment de la guerre par des constructions passagères, puissent
« suffire à mettre cette capitale en sûreté et à l'abri d'un
« bombardement avec le plus petit nombre de troupes possi-
« ble, et servir au besoin de points d'appui à l'armée qui se
« serait repliée sous ses murs. »

Quant à Vincennes, la commission s'exprime ainsi dans cette séance : «Lié à la défense de Paris, et devant être un dépôt
« d'armes et de munitions, Vincennes doit être conservé et
« entretenu. »

Avis du comité des fortifications, émis le 30 novembre 1830, à l'unanimité moins une voix:

place d'une enceinte bastionnée continue, inter-
ceptant toutes les communications. Pour faire
prévaloir ce système, qui se réduit exclusivement
à la défense passive, on s'appuie sur de respec-
tables autorités, le grand projet du maréchal de
Vauban et l'opinion exprimée par Napoléon après
les deux invasions de 1814 et 1815 : mais ni l'un

« Le comité est d'avis :

« 1° Que le mur d'octroi actuel soit organisé pour la défense
« et muni de tours pour assurer le flanquement de toutes les
« parties;

« 2° Qu'on étudie les projets de dix à onze forts à construire
« en avant, lesquels forts seront fermés à la gorge et rattachés
« à l'enceinte actuelle par des communications défensives... »

Avis du comité des fortifications, du 25 octobre 1832, émis
à l'unanimité moins une voix :

« Le comité, après avoir entendu les deux mémoires, discuté
« les arguments respectifs, et mis en comparaison les deux pro-
« jets exposés et dessinés , s'en référant à ses anciens avis, et
« réservant pour un autre avis toute discussion de détail ou
« proposition de modifications, afin de se borner à la ques-
« tion de préférence qui lui est déferée,

« Déclare :

« Que la préférence se porte sur le dispositif de forts déta-
« chés, avec le mur d'octroi actuel consolidé, rectifié et pourvu
« de moyens de défense, afin de former une enceinte de sûreté.»

ni l'autre n'ont prononcé sur cette grande question d'une manière aussi décisive qu'on veut le faire entendre.

En lisant avec attention les détails descriptifs que renferme le projet de Vauban sur la réparation et la mise en bon état de défense de l'ancienne enceinte de Paris, dont il n'existe plus aucun vestige, on voit que les changements survenus depuis l'époque où il écrivait ses *Oisivetés*, ont rendu ce projet inapplicable, même par analogie, à la fortification du Paris de nos jours. Son immense accroissement a changé toutes les données du problème. La deuxième enceinte bastionnée que Vauban voulait construire à une portée de canon de l'enceinte réparée, devait, comme il le dit, « occuper les hauteurs convena- « bles, ou qui pouvaient avoir commandement « sur la ville, comme celles de Belleville, de Mont- « martre, Chaillot, faubourgs St-Jacques, St-Vic- « tor, etc. » Il faudrait aujourd'hui porter cette seconde enceinte bien plus loin pour couvrir, hors de la portée des projectiles, les quartiers riches et populeux qui se sont élevés depuis. D'ailleurs, de bien plus grands changements dans la

population, dans le caractère, les habitudes, l'in-
dustrie des habitants de la capitale, sont aussi
survenus, et l'on ne peut songer à réaliser la
pensée du grand fortificateur qui voulait faire de
Paris une forteresse inexpugnable, soumettre la
population à toutes les rigueurs qu'impose une
défense obstinée, et la contenir par deux fortes
citadelles.

Quant à l'opinion de Napoléon, on ne peut y
voir que sa profonde conviction que Paris devrait
être fortifié, et le regret de n'avoir pas eu le temps
d'y pourvoir. S'il en était venu à l'exécution, on
peut croire, d'après sa manière de conduire la
guerre, qu'il aurait préféré la défensive active sur
un théâtre où, suivant les accidents favorables du
terrain, il aurait fait préparer des points d'appui,
pour manœuvrer et combattre dans les intervalles, selon les mouvements et les entreprises
de l'ennemi : c'est ce qu'il a fait à Dresde avec
un éclatant succès; c'est ce qu'il a été sur le point
de faire à Paris : quelques hommes et quelques
heures seulement lui ont manqué.

En suivant de la droite à la gauche la ligne de

défense sur la rive droite de la Seine, on voit
que les auteurs du projet de fortification continue
saisissent et renferment la même position qu'on
propose d'occuper par des forts (pentagones bas-
tionnés) entre Vincennes et Belleville. Mais cette
position, qui est la tête et la clef de la ligne de
défense, est bien plus militairement, bien plus
sûrement occupée par des forts détachés que par
des fronts continus sans aucun ouvrage extérieur :
en effet, c'est surtout sur ces terrains accidentés
qu'il est avantageux de conserver toute la liberté
des mouvements pour soutenir les troupes qui
défendraient les retranchements, déja achevés,
au-delà de Romainville, entre Rosny et Pantin.
Ces forts détachés sont autant de réduits destinés
à recueillir les troupes qui seraient dépostées des
retranchements avancés entre la Marne et le canal
de l'Ourcq, et permettraient ainsi de prendre des
retours offensifs, et de chasser l'ennemi avant
qu'il eût pu s'établir sur cette position avancée,
dont tous les accès se trouveraient soumis au feu
des trois forts.

On peut, en continuant de suivre la ligne de
la droite à la gauche, depuis Belleville jusqu'à

Passy, faire le même raisonnement sur les points principaux jusques auxquels on indique que serait portée l'enceinte continue; et je pense que sur chacun de ces points principaux on pourrait démontrer les mêmes avantages en faveur des forts détachés. Sans entrer dans ce détail trop circonstancié, je me bornerai à répondre ici à la principale objection déja réfutée, mais obstinément reproduite par des défenseurs du système de l'enceinte continue, dont les talents, l'expérience et les grands services donnent, sans doute, du poids aux arguments les plus spécieux. On établit, de la manière la plus positive et la plus tranchante, que les intervalles laissés entièrement ouverts entre les forts détachés, permettraient aux colonnes ennemies de mépriser leurs feux de front, de flanc et de revers, de ne tenir compte de ces obstacles isolés, et de pénétrer en masses serrées jusqu'au mur d'octroi, qui serait facilement renversé. Je réponds, premièrement, que ces intervalles ne sont point dénués d'obstacles naturels; que les moyens de les renforcer au besoin par des ouvrages en terre, font partie du système adopté, et qu'il n'est pas vraisemblable que l'ennemi ose engager ses colonnes dans un labyrinthe de difficultés, avant d'avoir réduit par une attaque régulière quelques-uns des forts détachés et d'avoir éteint leurs feux.

Secondement, que ce dispositif de défense active, obligeant l'ennemi à démasquer sa véritable attaque, il faut admettre que les réserves, disposées, exercées à manœuvrer selon le terrain et les obstacles opposés à l'ennemi, arrêteraient par une vive attaque le mouvement de ces colonnes; et de quelque manière que l'on se figure une telle action, on voit que tout l'avantage reste au système de défense active.

La ligne d'enceinte continue qui, de Vincennes à la Chapelle, doit occuper, comme je l'ai dit plus haut, à peu près les mêmes positions que les forts détachés, et qui, par conséquent, seraient jusque-là, c'est-à-dire jusqu'à la Chapelle, à la distance convenue pour que les projectiles ennemis ne pussent atteindre l'intérieur de la ville, s'en rapprochent, au contraire, depuis la Chapelle jusqu'à Passy, de manière que l'ennemi, après avoir passé la Seine entre Saint-Denis et Neuilly, puisqu'on ne veut point d'ouvrages avan-

cés , établirait impunément ses batteries de mor-
tiers et d'obusiers assez près pour bombarder et
incendier les quartiers de la Chaussée-d'Antin et
du faubourg Saint-Honoré. Les auteurs du système
que je combats en prennent trop facilement
leur parti : ils nous citent des exemples peu en-
courageants, tels que le bombardement de Bruxel-
les , ceux de Lille , de Gênes , de Sarragosse, etc.
Ils calculent et réduisent au *minimum* le nombre
de projectiles qui pourraient être jetés sur Paris ,
et la proportion des désastres qu'aurait à subir
la population , en les comparant à ceux dont ces
grandes villes furent écrasées. Mais c'est précisément pour prévenir de tels malheurs et leurs con-
séquences incalculables, c'est pour ne point pa-
ralyser tous les moyens de défense par la terreur
et les troubles qui en résulteraient dans l'intérieur,
qu'on a adopté le système des forts détachés, parce
qu'il permet d'arrêter au loin les efforts de l'ennemi, ou de le combattre de plus près , et pied
à pied , s'il se hasarde trop légèrement à franchir
ces obstacles. Le dernier de tous, qu'on suppose
que l'ennemi atteindrait facilement, le mur d'octroi , quelque faible qu'il paraisse ; pourrait cependant être rendu très-respectable. On conçoit

que la population tout entière travaillerait avec
ardeur à le terrasser, à le renforcer; les abattis
des arbres des boulevards extérieurs entraveraient
tous les accès; les édifices des barrières bien pa-
lissadés seraient autant de fortins que les gardes
nationales défendraient avec la plus grande vi-
gueur; et si les colonnes d'infanterie échouaient
dans l'attaque et étaient mises en désordre, quel
succès n'auraient pas les sorties des dernières réserves, soutenues par celles qui, au dehors, entre
les forts et la ville, tomberaient sur les flancs de
l'ennemi!

On ne veut pas reconnaître tous ces avantages
et la possibilité d'une belle défense active : on
veut que tout plie, que tous les obstacles s'effa-
cent devant la marche d'une colonne ennemie, et
d'un autre côté, on nie que l'enceinte continue
puisse être forcée par d'autres moyens que par
des attaques régulières, et qui doivent durer près
d'un mois, jusqu'à l'établissement et aux effets
des batteries de brèche. Mais est-il donc tout-à-fait
impossible de combler très-rapidement un fossé
sec et d'escalader le revêtement? n'y a-t-il donc
aucun exemple de grands sacrifices pour atteindre

un grand but? a-t-on oublié le terrible assaut d'Ismaïlow? Quand on veut rassurer une immense population contre la possibilité d'un tel événement, et qu'on lui dit : « Vous êtes renfermés dans une enceinte inexpugnable, on ne pourra pas la franchir, on ne pourra pas surprendre une des gardes qui y seront disséminées, on ne pourra briser aucune des 40 portes; » se fait-on bien l'idée de la terreur qui se répandrait, si l'événement venait à tromper cette espérance? On nous dit que, dans un tel cas, les forces répandues sur les fronts latéraux accourraient au secours du front que l'ennemi aurait pu franchir et que les réserves disposées entre l'enceinte continue et le mur d'octroi combattraient avec avantage et puniraient l'ennemi de son audacieuse entreprise. Mais ne voit-on pas qu'on accorde ici à la défense active ce qu'on lui refuse pour les intervalles entre les forts détachés?

On conçoit que d'habiles ingénieurs, enthousiastes de l'art qu'ils ont profondément étudié et perfectionné, soient séduits par le grandiose de leur projet; et qu'en même temps qu'ils sont enclins à donner à la défense passive des remparts une préférence exclusive, ils ambitionnent l'honneur d'attacher leur nom à une si grande entreprise, et qu'ils n'accordent que difficilement à la défense active une part dans le succès. Il faut les excuser d'être jaloux de la gloire et de la vouloir sans partage, puisque nous devons à cette préoccupation de la supériorité de leur art tant d'autres avantages.

Non, ce n'est pas par les seuls moyens de la fortification continue, et surtout sans ouvrages extérieurs, qu'on peut défendre efficacement un si grand espace, un véritable théâtre de guerre : ce n'est point par l'enceinte de Gênes que Masséna l'a défendue ; c'est par des forts détachés et une guerre très-active au dehors.

L'exemple des lignes de Torrès-Védras, pour la défense de la position de Lisbonne, est égale-ment tout en faveur du système des forts détachés : il n'y avait point là d'enceinte continue, mais bien un enchaînement de postes retranchés, qu'on avait formés en profitant des obstacles naturels, et en se ménageant des retours offensifs dans les inter-valles des points fortifiés ; c'est ce qu'on veut faire

autour de Paris, parce qu'on y trouve, non, sans
doute, une nature aussi âpre, des ravins aussi
profonds, des anfractuosités aussi multipliées, mais
bien des points culminants, des escarpements favorables, des cours d'eau, des confluents, des
plis de terrain qui, bien étudiés, offrent tous les
avantages d'une ligne continue, sans en avoir les
inconvénients.

Je choisirai pour troisième exemple celui-là
même dont un de nos meilleurs écrivains militaires, le général Pelet, s'est servi pour appuyer
son opinion favorable à la fortification par une enceinte continue. Dans ses *Mémoires sur la Campagne de* 1809, il reproche avec raison à l'archiduc Maximilien d'avoir abandonné la défense de
Vienne, qui, n'eût-elle duré que quelques jours,
aurait donné le temps à l'archiduc Charles d'y
arriver avec une partie de son armée. Dans cette
judicieuse critique, l'auteur dit qu'*on aurait dû
profiter de l'enceinte extérieure, angulaire, irré-
gulière et à demi-revêtement, qui enferme les
faubourgs :* bien qu'elle n'ait *ni des murs assez
épais pour résister à l'artillerie de siége, ni l'élé-
vation nécessaire pour être à l'abri d'une escalade,*

il pense qu'*elle aurait toujours pu être défendue comme la meilleure des fortifications de campagne, et aurait exigé de notre part des approches régulières, avec un établissement de batteries de siége.* Je ne crois pas qu'à moins d'immenses travaux, cette ligne eût pu nous arrêter plus de quelques heures, et, dans tous ces cas, il eût fallu sacrifier les faubourgs, la partie la plus considérable de cette capitale.

C'est au dehors de cette enceinte, sur les hauteurs qui entourent la ville de Vienne, que le gouvernement autrichien aurait dû préparer la défense par des forts détachés, comme on le propose pour Paris, en appuyant les extrémités de cette ligne de défense au Haut et Bas-Danube, en multipliant les obstacles dans les défilés qui sont, entre ces hauteurs, la plus sûre défense dont, à mon avis, la position de Vienne soit susceptible.

Je viens d'examiner la question militaire, c'est-à-dire les motifs du choix qu'a fait le gouvernement du système des forts détachés, dans la supposition la plus extrême. Mais il faut aussi considérer cette question dans le cas moins grave et plus vraisemblable où cet ennemi, supérieur et enflé par ses succès, ayant réduit ou masqué quelques-unes de nos places fortes, après une grande victoire, serait assez fort pour assurer sa ligne d'opérations et menacerait seulement la capitale.

Selon le système des forts détachés, la défense est établie d'une manière successive, et cette armée victorieuse ne pourrait commencer ses attaques contre la ceinture des forts qu'après avoir enlevé les retranchements avancés qui les couvrent, lesquels, pour la plus grande partie, sont déja exécutés. Ce dispositif forme autour de Paris un vaste champ de bataille dont toutes les routes manœuvres sont à notre avantage.

Ce grand camp retranché serait occupé, dès l'ouverture des hostilités, par un corps de gardes nationales mobiles tirées de la capitale, de la banlieue et des départements voisins, d'un effectif d'environ 60,000 hommes. Une partie de l'armée battue viendrait grossir cette réserve, tandis que celle qui aurait le moins souffert continuerait de tenir la campagne, manœuvrant sur les flancs de l'ennemi et sur ses communications.

Ainsi harcelée, même sur ses derrières, l'armée ennemie ne pouvant raisonnablement espérer d'enlever la position de Paris par une attaque de vive force, serait obligée d'entreprendre des attaques régulières, pour lesquelles elle n'aurait pas vraisemblablement les moyens suffisants, à une si grande distance de sa base d'opérations.

Chaque jour de retard la mettrait dans une position de plus en plus périlleuse, et réclamerait la confiance des assiégés. Ceux-ci, soutenus par de nombreux renforts venus des départements de l'Ouest et du Centre, reprendraient bientôt l'offensive. La partie de l'armée manœuvrant au dehors, se grossirait des bataillons des départements de l'Est, et ce grand mouvement national ne tarderait pas à déterminer l'ennemi à abandonner son entreprise. S'il hésitait dans une telle position, sa retraite ne pourrait manquer d'être désastreuse.

Il me resterait à traiter la question financière, mais elle est si simple qu'elle ne donne lieu, ce me semble, à aucune discussion ; puisqu'il s'agit, dans l'un et l'autre système, de constructions solides et de terrassements, tout se réduit à une vérification de devis, dont les éléments semblables ne peuvent être controversés. Quant au sacrifice que la nation doit faire à sa sûreté, je répondrai par la belle réflexion du maréchal de Vauban au sujet de cette nature de dépenses. « Au surplus, « je répète encore que la dépense de ces ouvra- « ges n'est pas ce qui doit en rebuter le roi, puis- « qu'il n'en sortira pas une pistole du royaume ; « ce sera un argent remué aux environs de Paris « qui donnera à vivre à quantité de pauvres gens, « et fera que les autres en paieront mieux la taille, « puisqu'il s'y fera plus de consommation. Et pour « conclusion , cet argent, faisant sa circulation un « peu plus vite que l'ordinaire, reviendra toujours « à son centre beaucoup mieux que de toute au- « tre façon. »

Je ne terminerai pas cet écrit sans témoigner mon indignation des suppositions aussi absurdes que calomnieuses par lesquelles on a cherché à se- mer la méfiance dans l'opinion publique. L'aveu- gle esprit de parti a été jusqu'à faire considérer les forts détachés, placés hors de la portée des pro- jectiles incendiaires, comme autant de Bastilles élevées pour opprimer la liberté. On a représenté cette égide de notre indépendance et de notre sûreté comme un instrument de tyrannie. Les ennemis de la patrie n'auraient pas mieux dit! Le gouvernement, en faisant fortifier Paris, remplit le plus important de ses devoirs; en le négligeant, il eût justifié d'indignes soupçons.

IMPRIMERIE DE FIRMIN DIDOT FRÈRES,
RUE JACOB, N° 24.